Antai ngai?

Te korokaraki iroun Amani Uduman
Te korotaamnei iroun Charity Russell

Library For All Ltd.

E boutokaaki karaoan te boki aio i aan ana reitaki ae tamaaroa te Tautaeka ni Kiribati ma te Tautaeka n Aotiteeria rinanon te Bootaki n Reirei. E boboto te reitaki aio i aon katamaaroaan te reirei ibukiia ataein Kiribati ni kabane.

E boreetiaki te boki aio iroun te Library for All rinanon ana mwane ni buoka te Tautaeka n Aotiteeria.

Te Library for All bon te rabwata ae aki karekemwane mai Aotiteeria ao e boboto ana mwakuri i aon kataabangakan te ataibwai bwa e na kona n reke irouia aomata ni kabane. Noora libraryforall.org

Antai ngai?

E moan boreetiaki 2022
E moan boreetiaki te katootoo aio n 2022

E boreetiaki iroun Library For All Ltd
Meeri: info@libraryforall.org
URL: libraryforall.org

Te korotaamnei iroun Charity Russell

Atuun te boki Antai ngai?
Aran te tia korokaraki Uduman, Amani
ISBN: 978-1-922844-44-6
SKU02287

Antai ngai?

I aakoi.

I wanawana.

I aaintoa.

I kaakamanga.

I momoaomata.

I ninikoria.

I kukurei.

Ngai bon

Ko kona ni kaboonganai titiraki aikai ni maroorooakina te boki aio ma am utuu, raoraom ao taan reirei.

Teraa ae ko reiakinna man te boki aio?

Kabwarabwaraa te boki aio.
E kaakamanga? E kakamaaku?
E kaunga? E kakaongoraa?

Teraa am namakin i mwiin warekan te boki aio?

Teraa maamaten nanom man te boki aei?

Karina ara burokuraem ni wareware
getlibraryforall.org

Rongorongon te tia korokaraki

E mwaing nako Australia ma i Sri Lanka Amani Uduman ma ana utuu ngke nimaua ana ririki. E reirei i Deakin University, Melbourne, ao e reke ana beebwa n te tiareirei. Ibukina bwa e rangi n tatabetabe ma natina aika teniman, e kaakabonganaa maawan ana tai ni korokaraki. E maamate nanona ni warekii aia karaki ataei aika a kaakamanga, karaki aika kanoan te iango ao karaki aika a kaunga.

Ko kukurei n te boki aei?

Iai ara karaki aika a tia ni baarongaaki aika a kona n rineaki.

Ti mwakuri n ikarekebai ma taan korokaraki, taan kareirei, taan rabakau n te katei, te tautaeka ao ai rabwata aika aki irekereke ma te tautaeka n uarokoa kakukurein te wareware nakoia ataei n taabo ni kabane.

Ko ataia?

E rikirake ara ibuobuoki n te aonnaaba n itera aikai man irakin ana kouru te United Nations ibukin te Sustainable Development.

libraryforall.org

www.ingramcontent.com/pod-product-compliance
Lightning Source LLC
Chambersburg PA
CBHW040320050426
42452CB00018B/2950
9781922844446